AF451920

8 X
18106

LEÇONS ENFANTINES

DE

VOCABULAIRE FRANÇAIS

COURS ÉLÉMENTAIRE ET MOYEN

2ᵉ SEMESTRE

LEÇONS ENFANTINES

DE

VOCABULAIRE FRANÇAIS

À L'USAGE DES ÉCOLES FRANCO-ANNAMITES DU TONKIN

COURS ÉLÉMENTAIRE ET MOYEN

2ᵉ SEMESTRE

PAR

NGUYÊN-VAN-TUYÊN

Instituteur au Collège du Protectorat

Deuxième édition revue et augmentée

HANOI
IMPRIMERIE TONKINOISE
14-16, Rue du Coton, 14-16

1916

Tous droits réservés

BIBLIOTHÈQUE NATIONALE R F

5 — La maison

Mots à étudier

La *construction*, — le *plan*, — le *fondement*, — les *fondations*, les *matériaux*, — les *briques*, — les *tuiles*, — la *chaux*. — le *bois*, — le *sable*, — le *ciment*, — le *mortier*, — la *charpente*, — la *poutre* — la *solive*, — les *lattes*, — le *toit*, — le *faîte*.

Exercice préalable

Nous habitons dans nos (*m....:....*). Nos parents ont dépensé beaucoup d'argent pour leur (*c......*). Avant de bâtir une maison nous devons en tracer le (*p......*). Les maçons commencent à construire les murs au fond de fossés creusés dans le sol ; ce sont les (*f......*) sur lesquelles ils construisent les murs. Les (*b.....*), les (*t....*), le (*b.....*), le (*f....*), la (*c....*), le (*s....*) et le (*c.....*) sont les (*m.....*) nécessaires à la construction de nos maisons. Le mélange de sable, de ciment et de chaux éteinte constitue le (*m.....*). Quand les murs ont été achevés. on élève la (*c......*) de la maison. La charpente se compose principalement de (*p......*), de (*s......*) et de (*l......*). Chaque maison a un (*f......*) et une (*t......*). Le (*f.....*) est la partie la plus élevée de la maison.

Lecture et Dictée. — La *maison* est l'habitation de l'homme. — L'homme habite dans sa *maison*. dans sa *demeure*, ou dans son *logement*.

Étudions tout ce qui est nécessaire à la *construction* d'une maison. — D'abord, il faut établir le *plan* de la maison. — On creuse ensuite les *fondations*. — On fait venir les *matériaux* nécessaires à la construction, tels que des *briques*, des *tuiles*, du *sable*, de la *chaux*, du *ciment*, etc.... — Les *briques* sont liées entre elles avec du *mortier*. — Le *mortier* est un mélange de chaux éteinte, de sable et de ciment. — Les *tuiles* servent à couvrir les toits.— Le *sable* laisse pénétrer l'air dans le mortier et le fait durcir peu à peu. — Quand les murs ont été construits, on pose la *charpente*. — La *charpente* se compose principalement de *poutres* et de *solives*. Les *charpentes en fer* sont toujours plus solides que *celles en bois*.

Conversation

Parler des différents travaux de la construction, des divers matériaux qu'on doit employer.

55. — La maison (*suite*)

Mots à étudier

Construire, — Bâtir, — Tracer, — Creuser, — Aplanir, — Scier, — Equarrir, — Couvrir, — Enduire. — Souder, — Poser, — Démolir, — Reconstruire, — Achever

---

Exercice préalable

Si nous avons de l'argent nous ferons (*b*......) une belle maison en briques. Mais avant de la (*c*......) nous nous adressons à un architecte pour qu'il nous en (*t*......) le plan. Nous appellerons des terrassiers pour qu'ils (*c*......) les fossés et (*a*......) le sol. Le charpentier (*s*......) le bois en planches. Il (*é*......) les poutres et les solives. Quand la charpente a été posée, on commence à (*c*......) les toits. On (*e*......) ensuite les murs d'une couche de ciment. On (*s*......) des feuilles de zinc pour en faire des gouttières.

On peut (*d*......) la maison si elle est trop vieille. On en (*r*......) à la place une autre toute neuve.

Lecture et Dictée. — *Construire, bâtir* et *élever* sont synonymes. — Nous faisons *construire* ou *bâtir* une maison, — Nous aurons un *bâtiment* ou une *construction*. — Avant de construire une maison, il faut qu'un architecte en ait *tracé* le plan. — Il faut faire venir des terrassiers pour *creuser* les fondations. — Le scieur de long *scie* les gros troncs de bois. — Le charpentier *équarrit* de grosses pièces de bois pour en faire des poutres. — Quand la charpente a été posée solidement, on commence à *couvrir* les toits. Quand les murs sont bâtis on les *enduit* d'une couche de mortier. — Le plombier vient *souder* entre elles des feuilles de zinc dont il fera les gouttières. Le menuisier *fait* les portes et les fenêtres, qui seront ensuite *vitrées* et *peintes*.

Conversation

(Dire ce que fait chacun des ouvriers qui travaillent à la construction d'une maison.)

56 — Intérieur d'une maison

Mots à étudier

Le *rez-de-chaussée*. — L'*étage*. — Le *corridor*. — La *façade*. — La *vérandah*. — Le *salon*. — Les *chambres*. — La *salle à manger* — La *cuisine*. — La *cave* — L'*escalier*. — Les *compartiments*. — La *cheminée*.

Exercice préalable

En ville on trouve beaucoup de maisons à (é......). — La maison que j'habite a deux étages et un (r......) Le (c......) partage ce rez-de-chaussée en deux moitiés. La moitié de gauche comprend le (s......), la (s......) et la (c......). la moitié de droite se divise en trois (c......) qui peuvent servir de chambres à coucher. Cette maison a une (f......) blanche. Des deux côtés, il y a deux longues (v......) qui protègent la maison contre les ardeurs du soleil.

Les (c......) sont installées au premier étage. Un (e......) conduit du rez-de-chaussée au premier et au deuxième étages. Le salon et les chambres ont chacun une (c......) ornée de belles statuettes. La (c......) est au-dessous du rez-de-chausée.

Lecture et Dictée — Il y a des maisons *à étages* et des maisons *sans étages*. — Les pièces situées au-dessous, au niveau du sol, forment le *rez-de-chaussée*. — Les pièces situées au-dessus sont au 1ᵉʳ, au 2ᵉ *étages*. — On compte les *étages* de bas en haut. — Il y a des maisons à plusieurs *étages* (5, 6, 7 *étages*). — Un *corridor* est un passage étroit (une galerie) resserré entre deux longs appartements. — Une *vérandah* est une galerie établie sur la façade de la maison. Beaucoup d'écoles ont une *vérandah* pour empêcher le soleil de pénétrer dans les classes. — Une grande pièce de la maison est une *salle*. — Dans les maisons riches on trouve une *salle à manger*, un *salon*, une ou plusieurs *chambres*. — On reçoit les visites dans le *salon*. — On se couche la nuit dans une *chambre*. — Les tonneaux et les bouteilles de vin, de bière sont placés sous la *cave*.

Conversation

(Nommer le différentes pièces qui composent une maison. Dire à quoi sert chacune d'elles.)

57 — **La maison** (*suite*)

Mots à étudier

Orner. — *Embellir.* — *Blanchir.* — *Meubler.* — *Habiter.*
— *Loger.* — *Louer* — *Déménager.* — *Vendre.* — *Réparer.* —
Agrandir. — *Incendier.*

Exercice préalable

Les maisons riches sont très bien (o......). Un petit parterre avec des plantes d'ornement, un joli bassin et plusieurs minuscules montagnes artificielles contribuent à (e......) la maison de mon oncle. Chaque année cette maison est (b......) deux fois à la chaux. Le salon est bien (m......); on y voit des chaises, des tabourets, des canapés, une armoire à glace et une bibliothèque. On trouve du plaisir à (h......) cette maison. Le rez-de-chaussée a des pièces disponibles où viennent quelquefois (l.....) quelques-uns de mes amis intimes. Mon père désire (l.....) une maison aussi belle que celle de mon oncle. Il a l'intention de (d......). Dans notre rue il y a une maison à (v......). Mais cette maison est trop vieille, et on doit la (r......) avant de pouvoir l'habiter. Si mon père l'achète, il peut l'(a......) et l'(e......) davantage.

Lecture et Dictée. — Suspendre de beaux tableaux, disposer avec goût les meubles, étaler les objets de luxe, c'est ce qu'on appelle *orner* la maison. — On *embellit* sa demeure en la peignant ou en ornant les murs afin de la rendre agréable à la vue. — Garnir une maison de meubles, c'est la *meubler* — Les maisons doivent être *blanchies* à la chaux une ou plusieurs fois par an. — Quand une maison a été construite, on vient l'*habiter*. — Les hôtels *reçoivent* les voyageurs et leur *servent* à manger. — Une maison inoccupée est à *louer*. — Une maison qu'on ne veut plus posséder est à *vendre*. — Une maison en mauvais état est à *réparer*. — On *agrandit* ses propriétés en achetant de nouveaux terrains. — Quand une maison est atteinte par le feu, elle *est brûlée* ou *incendiée*. — L'autre jour quand mon camarade Th. arriva à Nam-Dinh, il vint *loger* chez mon cousin Minh.

Conversation

(Dire ce qu'on doit faire pour embellir sa demeure, pour agrandir ses propriétés. — Circonstances qui obligent à déménager. — Maisons qu'il faut choisir de préférence).

58. — Les habitations humaines
Mots à étudier

Un *édifice*. — Un *palais*. — Un *château* — Un *bâtiment*. —
Une *maison*. — Une *demeure*. — Un *établissement*. — Une
chaumière. — Une *paillotte*. — Une *maisonnette*. — Une *cabane* — (Une *caverne*) — Le *sampan*.

Exercice préalable

Toutes les constructions ne se ressemblent pas. On en trouve de très grandes et de très belles : ce sont des (*p*......) ou des (*é*......). D'autres sont entreprises par des richards et paraissent aussi grandes et aussi superbes : ce sont des (*c*......).

Chaque maison que l'on a construite est un (*b*......).

Plusieurs bâtiments appartenant à un même service forment un (*é*......).

Les princes habitent dans des (*p*......). Nous nous installons dans notre (*d*......). Les pauvres habitent dans leurs (*p*......) ou leurs (*c*......). Les mendiants couchent le soir dans leurs (*c*......). Les hommes d'autrefois habitaient dans des (*c*......). Les pêcheurs se contentent de leurs (*s*......).

Lecture et Dictée. — Un très grand bâtiment est un *édifice*. — Les *églises* et les *temples* sont des *édifices* publics. — Un très beau bâtiment habité par un prince ou un très haut fonctionnaire du pays est un *palais*. — Il y a aussi des *palais de justice*. — Une belle maison habitée par un richard est un *château*. — Autrefois, les seigneurs en France habitaient dans les *châteaux forts* (châteaux fortifiés). — La *maison* où nous habitons est notre *demeure* ou notre *logement*. — Regarde ce joli *bâtiment* en construction. — Les maisons d'école sont des *bâtiments scolaires*. — L'ensemble des bâtiments appartenant à un service est un *établissement*. — Le Collège du Protectorat à Hanoi est un grand *établissement scolaire*. — Une maison couverte de paille ou de chaume est une *paillotte* ou une *chaumière*.— Une petite maison est une *maisonnette*. — Une *cabane* est une misérable demeure. — Les premiers hommes habitaient les *cavernes* creusées dans les flancs des montagnes.

Conversation

(Causerie sur les différentes habitations humaines — sur l'importance des unes et la misère des autres.)

59. — L'Ameublement

Mots à étudier

Les *tables*. — Les *chaises*. — Le *bureau*. — L'*armoire*. — La *bibliothèque*. — Le *buffet*. — Le *lit*. — Le *tapis*. — L'*oreiller*. — Le *traversin*. — La *couverture*. — La *moustiquaire*. — Les *nattes*. — Les *draps*. — Le *rideau*. — Le *store* — Les *ventillateurs*. — Le *panka*.

Exercice préalable

Dans toutes les maisons on trouve un certain nombre de (*m*......). Pour écrire, on a besoin d'une (*t*.....) et de (*c*.....). On met les divers papiers sur son (*b*......). On serre le linge dans son (*a*......). On range ses livres dans sa (*v*......). On met la vaisselle dans un (*b*......).

On se couche le soir sur son (*l*....). Le plancher est quelquefois couvert de (*t*.....). Les (*r*.....) sont suspendus à l'intérieur des fenêtres. S'il y a des (*r*......) les curieux ne peuvent pas regarder dans l'intérieur de la maison.

Les lits sont garnis d'une (*m*......), d'un (*o*.....) ou d'un (*t*.....) et d'une (*c*......). Les lits européens sont couverts de (*d*.....). Nos lits sont couverts de (*n*......). Les maisons riches ont des (*p*......) ou des (*v*......) électriques.

Lecture et Dictée. — Si on veut que la maison soit confortable, on doit se procurer des *meubles*. — Il est bon d'avoir une *table de travail* et des *chaises* tout autour. — Dans le salon mettons des *tables*, des *chaises* et des *objets de luxe*. — Les *tables-bureaux* sont garnies de casiers où l'on peut mettre des livres et des papiers divers. — L'*armoire* est un meuble dans lequel on serre ses vêtements. — Le *buffet* est un meuble où l'on met la vaisselle. — La *bibliothèque* est une armoire, vitrée en avant, dans laquelle on range des livres et des bulletins. — Le *lit* est un meuble sur lequel on se couche. Bien des lits sont garnis de *moustiquaires*. — L'*oreiller* est placé au bout du lit. — Un long oreiller est un *traversin*. — Les *rideaux* sont suspendus à l'intérieur des fenêtres. — Les *stores* sont suspendus sur la façade de la maison. — Dans les maisons riches, il y a des *ventillateurs* électriques ou des *pankas*.

Conversation

(Enumérer les différents meubles qu'on peut trouver dans une maison. Dire l'usage qu'on fait de chacun d'eux.)

60. — Nécessité d'avoir un logement

Mots à étudier

L'abri. — à l'abri. — Le *foyer domestique*. — *Se chauffer*. — *Se préserver*. — *Se garantir*. — *S'abriter*. — *Être sans feu ni lieu*.

Exercice préalable

Tout le monde sait que l'habitation est (i......) à l'homme. Celui qui n'a pas de demeure n'est pas (à l'.....) de la chaleur et du froid. Sans vêtements, sans nourriture et sans (a.....) l'homme ne pourrait pas vivre. Les ouvriers qui ont travaillé tout le jour au dehors rentrent le soir dans leur demeure ou plutôt dans leur (f......). Là, s'il fait froid, ils peuvent (s......) devant la cheminée. Ils (s......) des intempéries de l'air : pluie, vent, chaleur, etc.

L'habitation est donc nécessaire pour nous (g......) de la chaleur et du froid et pour nous (a......) contre la pluie et le soleil.

Celui qui est (s......), c'est-à-dire qui n'a pas de demeure ni de foyer, est donc très malheureux.

Lecture et Dictée. — Trois choses sont *indispensables* à l'homme : la *nourriture*, les *vêtements* et le *logement*. — L'habitation est un *abri* contre la pluie ou le soleil. — On désigne par *foyer domestique* la maison que l'on habite. — Voici un forgeron qui revient à son *foyer domestique*. — Nous *nous chauffons* chez nous en hiver ; nous prenons des repas aux heures que nous fixons nous-mêmes. — Quand nous sommes chez nous, nous sommes *à l'abri* de la pluie et du soleil. — Pour *nous garantir* du froid, nous pouvons fermer les fenêtres et *nous chauffer* devant la cheminée. — Quand le mauvais temps vient, nous restons chez nous pour *nous abriter* contre le vent et la pluie. — On dit d'un homme qui n'a pas de demeure qu'il *est sans feu ni lieu*. — Celui qui *est sans feu ni lieu* est vraiment le plus malheureux des hommes.

Conversation

(Dire ce qu'on fait chez soi quand l'hiver vient. — Causer sur la situation malheureuse de ceux qui sont sans feu ni lieu.)

61. — La famille

Mots à étudier

Les *membres de la famille.* — Le *père.* — La *mère.* — Le *ménage.* — Les *parents.* — Le *chef de la famille.* — Les *enfants.* — Le *fils.* — La *fille.* — Le *frère.* — La *sœur.* — Le *mari.* — La *femme.* — *Aîné.* — *Cadet.* — *Aimer.* — *Respecter.* — *Obéir.*

Exercice préalable

Nous vivons en famille. Notre (*f......*) comprend notre (*p......*), notre (*m......*), nos (*g......*), nos (*f......*) et nos (*s......*). Notre père est le (*c......*). Notre mère s'occupe du (*m......*) Nous appelons notre père et notre mère nos chers (*p......*). Nos parents disent de nous : mes chers (*e......*). Nous sommes les (*fi.....*) de nos parents ; nos sœurs sont leurs (*fi......*). Notre père qui a épousé notre mère est devenu son (*m......*). Il appelle notre mère : ma (*f.....*).

Le plus grand de nos frères est notre (*f......*) ou notre (*a......*). Le plus jeune de nos frères est notre (*f......*) ou notre (*c......*).

Les enfants ont le devoir d'(*a......*) et de (*r......*) leurs parents. Ils doivent leur (*o......*) et leur (*ê......*).

Lecture et Dictée. — La *famille* se compose du *père,* de la *mère* et des *enfants.* — Parfois elle comprend aussi les *grands parents.* — L'homme qui a des enfants devient un *père.* — Notre *père* doit travailler pour nourrir toute la famille. — La femme ayant des enfants devient une *mère.* — Notre *mère* s'occupe du ménage et du travail intérieur de la maison. — Le père et la mère sont les *parents* de leurs enfants. — Le *père* est le *chef de la famille*; c'est lui qui doit s'occuper de ses intérêts et la protéger en cas de besoin. — Les parents ont le devoir d'élever leurs *fils* et leurs *filles.* — Un fils par rapport aux autres est *leur frère.* — Une fille à l'égard des autres est *leur sœur.* — L'homme qui a une femme est un *mari.* — La fille qui a été mariée est une *épouse.* — Le plus grand fils est le *fils aîné.* — La plus petite fille est la *fille cadette.* — L'enfant doit *aimer* et *respecter* ses parents. Il doit en tout temps leur *obéir* et *leur montrer sa reconnaissance.*

Conversation

(Énumérer les personnes qui composent une famille. — Dire ce que font le père et la mère pour pouvoir nourrir et vêtir les enfants.)

62 — **La famille** (*suite*)
Mots à étudier

Le *grand-père*, — La *grand'mère*, — Les *grands-parents*, Le *petit-fils*. — La *petite-fille*, — L'*oncle*, — La *tante*. — Les *neveux*, — Les *nièces*, — Le *gendre*, — La *bru*, — Les *beaux-parents*, — *Nombreux*, — *Même nom*, — *Même sang*, — *proche*, — *éloigné*.

Exercice préalable

Nous n'avons pas cité toutes les personnes qui composent une famille. Nous avons encore notre (*g.....*) et notre (*g......*), qui nous aiment beaucoup. Nos grands-parents nous appellent leurs (*p.....*); ils appellent nos sœurs leurs (*p.....*).

Nos (*o.....*) et nos (*t......*) portent le même nom que notre père ou notre mère. Nos parents appellent les fils et les filles de nos oncles leurs (*n.....*) et leurs (*n.....*). La sœur de notre père épouse un homme du quartier ; cet homme est le (*g.....*) de nos grands-parents Notre mère qui s'est mariée avec notre père est devenue la (*b......*) de nos grands-parents.

Les parents de notre mère sont les (*b......*) de notre père. Il a du côté de notre mère une (*b......*) et un (*b......*).

Lecture et Dictée. — Le père de mon père est mon *grand-père* et la mère de ma mère est ma *grand'mère*. — Mon grand-père et ma grand'mère sont mes *grands-parents*. — Nous sommes les *petits-fils* de nos grands-parents ; nos sœurs sont leurs *petites-filles*. — Nous devons *aimer* et *respecter* nos grands-parents parce qu'ils ont donné le jour à nos parents. — Chaque frère de notre père ou de notre mère est un de nos *oncles*. — Les sœurs de notre père ou de notre mère sont nos *tantes*. — Les fils de nos oncles ou de nos tantes sont les *neveux* de nos parents. — Les filles de nos oncles ou de nos tantes sont les *nièces* de nos parents. — Celui qui se marie avec une des filles de nos parents devient leur *gendre*. — Notre mère est la *bru* de nos grands-parents. — Le père, la mère, les grands-parents et les enfants, sont les *membres de la famille*. — La famille est plus ou moins *nombreuse*, selon qu'elle a beaucoup ou peu de personnes.

Conversation

Qu'est-ce que le grand-père ? la grand' mère ? les petits-enfants ? — Quelles personnes appelez-vous vos oncles, vos tantes ou les neveux et les nièces de vos parents ?

63 — **La famille** (suite)

Mots à étudier

L'amour. — L'*affection*, — La *piété*, —. Le *respect*, — La *reconnaissance*, — *Paternel*, — *Maternel*, — *Fraternel*, — *Filial*, — *Familial*, — *Aimant*, — *Aimable*, — *Familier*.

Exercice préalable

Les enfants doivent à leurs parents : (a......), (r......) et (r......). Un bon fils témoigne à ses parents sa grande (a......) en leur obéissant et en cherchant à leur (f......). La (p......) nous ordonne de bien remplir nos devoirs envers nos parents. L'enfant doit s'habituer à une (o......) non aveugle mais volontaire. Nous habitons maintenant notre maison (p......). J'ai été bien des fois touché de la tendresse (m......) que m'a témoignée ma mère. L'amour (f......) nous défend de nuire à nos frères. Mes amis ont été invités à venir chez moi pour un festin (f......). Vous aimez bien tous ceux de votre entourage et même les personnes que vous ne connaissez pas ; Nous avons raison de dire que vous avez un cœur (a......) et que vous êtes un homme (a......). A force de venir te voir, ton chien m'est (f......). Cet enfant parle avec les amis de son père sur un ton (f......).

Lecture et Dictée. — Nous devons témoigner à nos parents notre *affection* et notre *respect* par des soins et des manifestations extérieures. — L'*amour* des frères et des sœurs les uns pour les autres est un devoir qui dérive des devoirs envers les parents. — Ne pas *respecter* nos parents, c'est *manquer* à un de nos devoirs essentiels envers eux. — Nous témoignons de la *reconnaissance* à nos parents, en les aimant tendrement. — La maison de notre père est notre maison *paternelle*. — L'amour que notre mère a pour nous est son amour *maternel*. — Celui qui aime les autres comme ses frères a un cœur *fraternel* — On dit aussi qu'il a un cœur *aimant*. — Il est alors *aimable* — Si nous ne remplissons pas tous nos devoirs de fils, on dit que nous manquons à notre *piété filiale*. — Un objet qui appartient à la famille est un objet *familial*. — *Familier* signifie qui vit avec nous, qui nous connaît très bien, qui nous aime plutôt qu'il ne nous respecte. — Ce chien m'est *familier*.

Conversation

(Sentiments que doivent témoigner les enfants à leurs parents. Raisons par lesquelles les enfants doivent aimer et respecter les parents.)

64 — Les bienfaits des parents

Mots à étudier

Donner la vie (donner le jour). — *Allaiter*, — *Nourrir*. — *Vêtir*, — *Élever*, — *Instruire*, — *Envoyer à l'école*. — *Entourer de soins*, — *Veiller*, — *Marier*, — *Epouser*, — *Faire des sacrifices*, — *S'imposer des privations*.

Exercice préalable

Nous sommes nés des mêmes parents. Nous disons que nos parents nous ont (d......). Quand nous sommes tout petits, c'est notre mère ou notre nourrice qui nous (a......). Nos parents travaillent tous les jours pour avoir de quoi nous (n......) et nous (v......). Si nous sommes (v......) de beaux vêtements, si nous ne manquons de rien, nous devons en être (r......) à nos parents. Nos parents nous ont (é......) avec beaucoup de peine. Ils nous (c......) pour nous faire (i......). De tout temps nous sommes (e......) de soins et de tendresse maternels. Quand nous sommes malades notre mère (v.....) au chevet de notre lit pour surveiller l'état de notre maladie et pour nous apporter à boire et à manger.

Plus tard, nos parents nous (m......) avec les personnes qui nous plairont

Ne voyez-vous donc pas qu'ils s'imposent des (p......) et des (s......) pour faire de vous des hommes?

Lecture et Dictée. — Nous avons reçu de nos parents beaucoup de *bienfaits*. — Nos parents nous *ont donné le jour* (la vie). — Ils nous ont *soignés* et *allaités* dès notre enfance. —Ils travaillent tous les jours pour pouvoir nous *nourrir* et nous *vêtir*. Ils nous ont *élevés* avec beaucoup de peine. — Quand nous sommes devenus grands, ils nous *envoient à l'école* pour nous faire instruire. — Il y a des parents qui *instruisent* eux-mêmes leurs enfants. — Nos parents nous *entourent de soins et de tendresse* quand nous sommes malades; ils ont *veillé* bien des nuits au chevet de notre lit. — Les parents *marient* leurs filles à ceux qui leur plaisent. — C'est par leurs soins que leurs fils *épouseront* les jeunes filles qu'ils auront choisies. — Pour *faire de nous des hommes* que de *sacrifices* pour nos parents ! — Les *bienfaits* de nos parents sont donc innombrables.

Conversation

(Causerie sur les bienfaits innombrables dont les enfants sont redevables à leurs parents.)

66. — La vie en famille

Mots à étudier

La *réunion*, — L'*accord*, — La *concorde*, — Le *désaccord*, — La *discorde*, — Le *bonheur domestique*, — Le *malheur*, — L'*aisance* (l'opulence), — La *misère* (l'indigence), — Le *dévouement*, — La *piété filiale*.

Exercice préalable

Nous sommes si habitués à la (v......) que nous ne nous apercevons pas de notre bonheur.

Quand vos parents sont d'(a......) entre eux, vous pouvez dire que la (c......) règne chez vous. Le (d......) ou la (d......) amène vite le trouble dans la famille. On ne peut jouir du (b......) que lorsque toute la famille est dans la pleine concorde. La mort d'un père la perte d'une épouse sont des (m......) irréparables. Si vous êtes travailleurs et économes, vous arriverez vite à l'(a......) et même à la (f......). Il dépend de nos parents de nous faire vivre dans le bien-être et dans l'aisance ou dans la (m......) et dans le (d......). Nos parents sont toujours prêts aux sacrifices, nous disons qu'ils se (d......) beaucoup pour nous et que leur (d......) est souvent sans bornes.

Lecture et Dictée. — Rien n'est si agréable et si doux que la *vie en famille*. — A chaque repas, on voit la *réunion* du père, de la mère, des grands-parents et des enfants. — Si les parents vivent en *bon accord*, toute la famille jouira du *bonheur domestique*. — Si les frères et les sœurs ont le même cœur, il n'y aura jamais de *querelles* et de *disputes*; ils vivront dans la pleine *concorde*. — Il faut faire tout son possible pour éviter la *discorde* entre frères et sœurs. — Si les cœurs sont partagés, il est certain que la famille tombera dans le *malheur*. — La famille sera dans l'*aisance* si le père peut économiser une partie de l'argent qu'il a gagné. — La famille tombera dans la *misère* si les parents dépensent leur argent follement et trop largement. — Le *dévouement* des parents pour leurs enfants est sans bornes. — Les enfants, à leur tour, ne doivent jamais manquer à leur *piété filiale*.

Conversation

(Comment une famille peut-elle être heureuse ou malheureuse ? Dire ce qu'on observe dans une famille unie et dans une famille où règne la discorde.)

66 — Les fêtes
Mots à étudier

L'anniversaire de la naissance. — L'anniversaire de la mort. — Le *culte des ancêtres*. — Les *cadeaux*. — Les *invités*. — Les *convives*. — Le *festin*. — La *joie*. — La *satisfaction*. — *Célébrer*. — *Festoyer*. — *Inviter*. — *S'excuser*.

Exercice préalable

Dans ma famille on (*cél....*) chaque année plusieurs (*fê....*) assez importantes. Le 3ᵉ jour du quatrième mois de chaque année c'est la fête de l'(*anniversaire d.......*) de mon aïeul. Depuis la veille mon père fait des préparatifs pour le (*fes...*) du lendemain. Le jour anniversaire arrivé, mon père rend un (*culte a......*) et principalement à mon aïeul. Mes parents font des (*inv......*) à leurs cousins et à leurs amis et connaissances. Des (*con.....*) arrivent avec leurs (*cad....*). Il y a des invités qui (*s'exc....*) et ne viennent pas. On *participe* joyeusement au festin.

Chaque année mes parents célèbrent encore l'(*anniversaire d.....*). A cette fête j'obtiens des (*cad.....*) et de l'argent. La (*jo.....*) est générale dans notre famille. Mon père qui m'aime beaucoup boit ce jour-là avec une grande (*sati.....*). Mais on ne (*fes.....*) pas tous les jours. La famille recommence son train ordinaire le lendemain de la (*fê.....*).

Lecture et Dictée. — Dans notre pays on compte plusieurs *fêtes* dans l'année. — Annuellement on fait une petite cérémonie au jour où l'on est né : c'est la fête de l'*anniversaire de sa naissance*. — On offre des mets et des objets votifs à ses ancêtres le *jour anniversaire* de leur mort. — Les riches dépensent quelquefois beaucoup d'argent pour célébrer l'*anniversaire de la mort* de leur père ou de leur mère. — A chaque fête de l'année, on rend un *culte* à ses ancêtres et parfois aux génies du village. — Les visiteurs apportent souvent, au jour de fête, des *cadeaux* pour les vivants ou pour les morts. — Dans un festin, on voit des *convives* ou des *invités* plus ou moins nombreux. On mange, on boit et on est content. — Les *convives* sont tenus de remercier l'*hôte de la maison* de sa bonté et de son amabilité. Tous éprouvent une grande *joie*. — Le maître de la maison est dans une pleine *satisfaction*.

Conversation

Dites ce qu'on fait chez vous à chaque fête anniversaire — Caratère d'un repas familial — Ceux qui sont invités à y assister.

.67. — Les fêtes *(suite)*

Mots à étudier

Le *renouvellement de l'année*. — Le *têt*. — La *fête du jour de l'an*. — Les *autres fêtes*. — L'*offrande*. — Les *visites*. — Les *souhaits*. — Les *pétards*. — Les *baguettes d'encens*. — L'*autel des ancêtres*. — *prosterner*. — *Invoquer*.

Exercice préalable

Le (*tê.*) annamite est célébré le premier jour du premier mois. La (*fête française du j........*) se célèbre au premier Janvier de chaque année. A l'occasion du (*renouvellement de l'an...*), nous venons souhaiter à nos parents une santé parfaite et un bonheur éternel. Les riches font partir des (*pét....*) en nombre incalculable. A la fête du nouvel an, tout le monde est obligé de faire des (*vis...*) à ses parents à ses chefs et à ses connaissances. Nous disons à nos amis : « Je vous adresse mes sincères (*souh....*) de bonne année ».

On fait des (*offr....*) à ses ancêtres. Sur l'(*aut...*) familial, on allume des bougies, on brûle des parfums, et on entasse les objets votifs.

On se (*prost....*) devant l'autel des ancêtres tout en faisant des prières.

Chaque année, nous dépensons des milliers de piastres pour l'achat des (*objets vot...*), des (*pet...*) et des (*baguettes d'enc...*).

Lecture et Dictée. — Chez nous, la fête la plus importante est celle du *jour de l'an*. — A la *veille* du Têt, tous les métiers *chôment* (tout le monde cesse de travailler'. — Aux trois premiers jours de l'année on fait des *offrandes* à ses ancêtres. — Nous voyons sur l'*autel des ancêtres* des mets, des fruits, des gâteaux et des objets votifs. — Le chef de la famille brûle des *baguettes d'encens*, allume des *bougies*, et *se prosterne* devant l'autel en *invoquant* l'âme des ancêtres. — Au premier jour de l'an, on fait des *visites* à ses parents et à ses connaissances. En entrant chez eux, on leur fait des *souhaits* de bonne année. — On tire des *pétards* à n'importe quel moment de la journée. — En dehors de cette fête, il y en a encore d'autres. Citons, par exemple, la *fête du cinquième mois*, celles de la *mi-automne*, du « *double neuf* », du « *double dix* », etc.

Conversation

Dire comment on célèbre le nouvel an chez nous. Caractère particulier de cette fête. — Quelques superstitions qui existent encore.

68. — Les fêtes françaises

Mots à étudier

Le *nouvel an*, — La *fête de Pâques*, — La *Pentecôte*, — La *Toussaint* — Le *Noël*, — La *fête nationale du 14 Juillet*. — Les *fêtes religieuses*, — Les *jours fériés*, — Un *congé*, — Les *vacances*.

Exercice préalable

Nous connaissons la fête du (*nouvel an fr.....*). Mais on compte dans l'année beaucoup d'autres (*fêtes rel.....*) et une (*fête nat.....*). En Mars ou en Avril. nous avons la fête de (*Pâ....*). Cinquante jours après Pâques, c'est la (*Pent....*). Au 1ᵉʳ Novembre de chaque année on célèbre à l'église la fête de la (*Tous....*). Le (*no...*) se célèbre annuellement au 25 Décembre. Pâques et la Pentecôte sont des fêtes *mobiles*.

Au (*14 Juil...*) de chaque année on célèbre l'anniversaire de la prise de la Bastille en France en l'an 1789. C'est une (*fête nat......*) qui se célèbre en France et aux colonies.

Nous avons congé aux (*jours fé....*). Les élèves ont un long (*co....*) au Têt annamite. Nous sommes en (*vac.....*), aux jours de Pâques, de la Pentecôte et du Têt. Les grandes (*vac.....*) commencent ordinairement à la mi-juin. La rentrée des classes a lieu aux premiers jours de septembre.

Lecture et Dictée. — On ne peut pas toujours travailler. — On a besoin de *se divertir* un peu pendant les *jours de fête* (jours fériés). — Le *nouvel an* se célèbre au premier jour de l'année. — La fête de *Pâques* est une fête chrétienne qui a lieu en mars ou en avril, en l'honneur de la *résurrection* de Jésus-Christ. — La *Pentecôte* a lieu 50 jours après Pâques. — La *Toussaint* est une fête chrétienne qui se célèbre au 1ᵉʳ novembre de chaque année. — La fête de *Noël* a lieu le 25 décembre, jour anniversaire de la *naissance* de Jésus-Christ. — La fête du 14 Juillet est une *fête nationale*. — En ville, toutes les maisons sont *pavoisées*. — Il y a *des revues militaires*, une *retraite aux flambeaux*, des *salves d'artillerie* et des *divertissements* de toutes sortes. — Nous avons *congé* pendant les jours fériés. — Un long congé, un congé de plusieurs jours reçoit le nom de *vacances*. On dit : les *vacances de Pâques*, les *vacances du Têt*, les *grandes vacances*.

Conversation

Dites ce que vous savez sur chacune des fêtes chrétiennes ci-dessus énumérées. — Que remarquez-vous à la fête du 14 Juillet ?

69. — Les deuils

Mots à étudier

La *mort*, — Les *funérailles*. — Les *obsèques*, — L'*enterrement*, — Le *cercueil*, — Le *grand deuil*, — Le *petit deuil*, - Les *vêtements de deuil*, — Les *signes de deuil*, — La *douleur*, — Le *regret*, — *Pleurer*, — *Porter le deuil*, — *Etre en deuil*.

Exercice préalable

On est douloureusement triste (*à la mort d'u............*). La (*mo..*) d'un père ou d'une mère est une perte irréparable. Les (*funé........*) d'un de nos parents occasionnent des dépenses souvent énormes. Les parents, les enfants et amis du défunt sont tenus d'assister à son (*enter........*). Un convoi mortuaire conduit le (*cerc.....*) au cimetière. Après l'enterrement, on bâtit une (*to..*) pour le mort.

On porte le (*de...*) d'un parent décédé. Il y a les (*grands-d....*), les (*demi-d....*) et les (*petits-d.....*).

On a du (*reg...*) pour la personne décédée que l'on aime. Les enfants éprouvent une cruelle (*doul...*) quand ils viennent de perdre à jamais leur père ou leur mère. Ils (*pleur...*) amèrement leurs chers disparus. Ils, en (*portent le d....*) pendant un certain temps.

Lecture et Dictée. — A la *mort* d'un de nos parents, nous avons une profonde *douleur* morale. — Chez nous les fils dépensent beaucoup d'argent pour les *funérailles* de leurs parents. — Les amis sont tenus d'assister à l'*enterrement* de leurs amis ou des parents de leurs amis. — La famille *est en deuil*, lorsqu'un de ses membres vient de mourir. — On porte le deuil par des *signes* extérieurs, tels que le turban blanc, les habits effrangés, les habits noirs, le crêpe, etc..., — Le deuil des parents est un *grand deuil*. — Le grand deuil peut avoir une *durée* de deux ou de trois années. — Le deuil des frères, le deuil des amis sont des *petits deuils*. Ces deuils varient de 1 an à quelques mois. — Avec ses enfants, la mère *pleure* amèrement le père disparu. Le père avec ses enfants *pleure* la mère que la mort cruelle vient de lui enlever. — Chez nous quand on est en deuil, on ne porte pas de *beaux vêtements*, on ne va pas aux *festins*, on n'assiste pas aux *mariages*.

Conversation

Dire comment on appelle chez nous un grand deuil et un petit deuil. — Décrivez le costume d'un homme en deuil.

70. — La vie rurale.
Mots à étudier

Le *cultivateur*, — Le *paysan*, — Les *travaux*, — L'*abondance*, — *Modeste*, — *Actif*, — *Économe*, — *Laborieux*, — *Dur*, — *Pénible*, — *Large*, — *Rustique*, — *Libre*, — *Champêtre*, — *Naïf*, — *Ignorant*, — *En bonne intelligence.*

Exercice préalable

Les citadins ignorent souvent la vie (*du* ...) et (*pén* ....) de la campagne. Les villages sont habités par des (*pay* ....). Ceux-ci se livrent presque tous à l'agriculture : ce sont des (*cult* .....) ou de (*lab* .....) Ils s'adonnent aux (*tra* ....) des champs. Si la récolte est bonne, ils vivent dans l'(*abon* .....).

On dépense beaucoup moins à la (*camp* .....) qu'à la ville. Tous ceux qui ont travaillé péniblement savent mener une vie (*mod* .....) et (*lab* .....). Les cultivateurs sont en général plus (*act* ....) et plus (*éco* ....) que les gens de la ville.

On est plus (*lib* ....) et plus (*tran* ....) à la campagne qu'à la ville. Les maisons (*cha* .....) n'exigent pas beaucoup de frais d'entretien. Nous gagnons beaucoup à vivre en (*bonne int* ......) avec nos voisins. On peut reprocher seulement aux paysans qu'ils sont plus ou moins (*ign* .....) et (*na* ....)

Lecture et Dictée. — On dit la vie à la campagne ou la *vie rurale.* — A la campagne, on trouve partout des paysans qui se livrent à l'*agriculture.* — On leur donne le nom d'*agriculteurs* ou de *laboureurs.* — Ils s'occupent des divers *travaux* de la campagne. — On ne *dépense* pas beaucoup à la campagne. — La vie y est *simple* et *modeste.* — Les *vivres* y sont à bon marché parce qu'ils existent *en abondance.* — En été, quand la récolte a été faite, l'*abondance* règne partout dans la campagne. — Les cultivateurs sont *économes.* — Ils ne dépensent pas *follement* leur argent comme les habitants des villes. — La vie est *dure* à la campagne. — On travaille *péniblement* du matin au soir et même sous la chaleur ardente de l'été. — Mais la vie rurale est *large* et *libre.* — On est toujours *en contact* avec la belle nature. — On jouit des plaisirs *champêtres.* — On trouve du bonheur dans sa maison *rustique.* — Si on vit en *bonne intelligence* avec ses voisins, on aura assez d'amis et de connaissances.

Conversation

Quelle vie mènent les habitants de la campagne et quels travaux les occupent journellement ?

71. — Les animaux domestiques

Mots à étudier

Le *bœuf*, — Le *veau*, — Le *buffle*, — Le *cheval*, — La *jument*, — L'*âne*. — L'*ânesse*, — L'*ânon*, — Le *bouc*, — La *chèvre*, — Le *mouton*, — La *brebis*, — Le *chien*, — Le *chat*, — Le *parc*, — La *truie*, — *Sobre*, — *Patient*.

Exercice préalable

Les animaux que l'on nourrit dans la maison sont des (*animaux do........*). Citons : le (*bœ..*), le (*buf...*), le (*che...*), l'(*â..*), le (*bo..*), le (*mou..*), le (*chi..*), le (*cha.*), le (*lap..*), le (*po..*), etc.

L'ensemble des bêtes que l'on nourrit forme le *bétail*. Il y a le *gros* (*bét...*) : bœufs. chevaux etc. et le *menu* (*bét...*) : moutons, porcs, etc.

Le (*bœ..*) et le (*buf...*) sont très utiles à l'agriculture. Le (*che...*) nous sert de monture ; il traîne aussi les voitures. L'(*â..*) est le cheval du pauvre. L'âne est plus (*so...*) et plus (*pat...*) que le cheval.

On nourrit les (*vac...*). et les (*chèv...*), pour leur lait : Les (*po..*), les (*lap...*). les (*bo...*) nous fournissent leur chair. Les (*mout...*) donnent leur laine. Les (*cha..*) attrapent les souris. Les (*chi...*) gardent nos maisons. Il ne faut pas (*maltr....*) les animaux domestiques car la loi en défend.

Lecture et Dictée. — A la campagne, on élève des *bœufs*, des *buffles*, des *chevaux*, des *ânes*, des *chèvres*, des *moutons*, des *chiens*, des *chats*, etc. — Ces animaux sont appelés *animaux domestiques*. — Le bœuf et le buffle *tirent* la charrue. — Le cheval nous sert de *monture*. — Le plus souvent on l'*attelle* à une voiture. — L'âne est plus petit que le cheval ; il est, en revanche, plus *patient* et plus *sobre*. — Il *supporte* la fatigue mieux que le cheval. — L'*écurie* est pour les chevaux ce que l'*étable* est pour les bœufs. — Le chien *garde* la maison contre les malfaiteurs. — Il *aboie* quand une personne inconnue entre dans la demeure de son maître. — Le *porc* vit du son de riz et des légumes rejetés. — Il s'engraisse vite dans la *porcherie*. La femelle du porc, la *truie*, nous donne ses petits que nous appelons des *cochons de lait*.

Conversation

Les animaux qu'on élève à la campagne. — Services rendus par chacun d'eux. Soins qu'il faut leur donner.

72. — Les oiseaux de basse-cour
Mots à étudier

Le *coq*, — La *poule*, — Le *poulet*, — Le *poussin*, — Le *canard*, — La *cane*, — Le *jars*, — L'*oie*, — Le *dindon*, — Le *pigeon*, — La *colombe*, — Le *poulailler*, — Le *colombier*, — *Chanter*, — *Pondre*, — *Couver*, — *percher*, — *Éveiller*, — *Barbotter*, — *Se dandiner*, — *Égorger*, — *Donner à manger*, — Un *coq-à-l'âne*, — *Frais*, — *A la coque*.

Exercice préalable

On élève les (*co*....), les (*can*....), les *pig*....) dans une (*bass*....). Le (*c*.....) chante le matin. La (*po*.....), la (*ca*.....) *pondent* des œufs. La poule (*co*....) ses œufs, d'où sortiront de jolis petits (*pou*....). Les (*can*.....) *barbottent* dans les mares. L'(*o*.....) vit presque continuellement dans la cour ou sur le bord des mares. Les *pig*....) *perchent* au haut de la ferme. Ils ne descendent dans la cour que quand on leur (*donne à m*.....). Les coqs et les poules vivent dans un (*poul*.....), les pigeons habitent dans un (*pig*......). — Les pigeons *roucoulent* dans les colombiers. Les canards, (*nag*....) dans les étangs ; ils marchent en (*se d*.....). — On (*égo*.....) des coqs et des pigeons lorsqu'il y a un festin dans la famille — Les (*œ*....) servent à faire des gâteaux et des omelettes. Ils peuvent être mangés (*fr*.....) ou (*à la c*....).

Lecture et Dictée. — Les coqs, les poules, les canards, les oies, les dindons, les pigeons sont des *oiseaux de basse-cour*. — Le coq *éveille* les gens de la maison par son *chant* matinal. — Les poules, les oies, les canes *pondent* des œufs. — La poule *couve* ses œufs et il en sort, quelques semaines après, de jolis petits *poussins*. — Le canard marche en se *dandinant*. — Il *nage* continuellement sur l'eau des mares pour y chercher sa nourriture. — L'*oie* est plus grosse que le canard. Nous ne voyons guère les jars et les oies *barbotter* dans l'eau comme les canards. — Un couple de pigeons comprend un *mâle* et une *femelle* (colombe). — Un jeune coq est un *poulet*. — Les coqs et les poules habitent dans un *poulailler*. — Les pigeons ont leurs nids dans un *colombier*. — Un *coq-à-l'âne* est un propos discordant, une conversation sans suite.

Conversation

Utilité d'une basse-cour — Oiseaux qu'on y élève — Genre de nourriture qui convient à chacun d'eux. — Moyen de les protéger contre les ennemis de la basse-cour.

73. — Les travaux de la campagne
Mots a étudier

Le *labourage*, — La *semaille*, — L'*irrigation*, — La *récolte*, — Le *repiquage*, — Le *drainage*, — Le *dessèchement*, — Le *fumage*, — La *cueillette*, — La *vendange*, — Le *tissage*, — Le *jardinage*, — L'*élevage* du *ver-à-soie*.

Exercice préalable

Les (*tra*....) auxquels se livrent les paysans sont bien pénibles. On commence le (*lab*......) des champs un mois après la récolte. La (*sem*....) consiste à jeter des graines par poignées dans les rizières préalablement hersées et fumées. Le (*rep*.....) du riz est fait généralement par les femmes. On fait l'(*irrig*.....) des rizières toutes les fois que celles-ci manquent d'eau. Quand les épis de riz sont bien mûrs, on les (*moi*.....). La (*réc*.....) du riz se fait à l'époque où la chaleur est la plus forte. — Le (*dess*......) des marais ou des étangs demande beaucoup de peine. Les champs restent constamment fertiles par le (*fu*.....). On fait la (*cueil*....) des fruits et la (*ven*.....) des vignes. — Le dessèchement des terrains humides se fait au moyen des procédés de (*drai*....). — Le (*tis*....) des étoffes, le (*jard*....) et l'(*éle*....) du ver-à-soie sont relativement les travaux les moins pénibles de la campagne.

***

Lecture et Dictée. — A la campagne les cultivateurs se livrent à des *travaux* divers. — Au mois d'octobre, ils commencent le *labourage* des champs et des rizières. — Au mois de décembre ils ensemencent leurs champs : c'est l'époque de la *semaille*. — L'*irrigation* qui consiste à faire venir de l'eau dans les rizières est un travail monotone. — Le *repiquage* se fait quand le plant de riz (dans les pépinières) atteint la hauteur voulue. — On place bout à bout dans le sol des tuyaux en métal ou en terre pour faciliter l'écoulement des eaux souterraines, c'est ce qu'on appelle le *drainage*. — Le travail de *dessèchement* consiste à faire sécher les marais et les lacs pour les transformer en terres labourables. — Le *fumage* des champs se fait avant les semailles. — On fait la *cueillette* des fruits surtout en automne. — La cueillette du raisin reçoit le nom de *vendange*. — On fait la *récolte* du riz au cinquième et au dixième mois. — On fait l'*élevage* des vers-à-soie pendant la saison fraîche. — En toutes saisons, on s'occupe du *jardinage*.

***

Conversation

Différents travaux de la campagne — Epoques de l'année où l'on s'y livre.

74. — La campagne (*suite*)

Mots à étudier

Le *village*, — Le *hameau*, — Les *champs*, — Les *rizières*, — Les *sentiers*, — Les *étangs*, — *Poissonneux*, — Les *bois*, — Les *forêts*, — *Habiter*, — *Abandonner*, — *Peupler*, — *Déserter*.

Exercice préalable

Les maisons à la campagne se groupent par (*vil.....*). Chaque village possède un certain nombre de mâu de (*ch.....*) et de (*ri.....*). Les (*ch....*) sont plus élevés et moins humides que les (*ri......*). Pour aller d'un endroit à un autre on doit se contenter de petits (*se.....*) souvent mal entretenus. De distance en distance on voit des (*ét....*) dont l'eau sert au lavage du linge et des ustensiles de ménage. Les grands étangs sont très (*pois........*).

Dans le haut Tonkin les villages sont souvent séparés par des (*b...*). Les (*fo....*) occupent souvent de grandes étendues de pays.

Si on (*ha....*) longtemps à la campagne, on s'habituera à la vie rustique et laborieuse. Beaucoup de jeunes gens ambitieux (*aban........*) leurs villages pour aller s'installer à la ville. On dit qu'ils (*dé......*) la campagne pour venir (*pe.....*) les villes.

Lecture et Dictée — La plupart d'entre nous ont habité dans des *villages*. — Un petit village est un *hameau*. — Souvent le hameau est une *division* d'un grand village. — Chaque village a ses *champs* et ses *rizières*. — Dans nos villages, on ne trouve pas souvent de larges *routes* bien entretenues — Ce sont des *sentiers* qui conduisent d'un hameau à un autre. — Les maisons sont souvent construites auprès des *étangs*. — L'eau de ces étangs ne coule pas; elle est *dormante* ou *stagnante* et est par suite d'un usage très *malsain*. — Un grand espace de terrain où poussent beaucoup d'arbres est un *bois*. — Une très grande étendue de terre où les végétaux poussent pêle-mêle est une *forêt*. — On *habite* la campagne ou on l'*abandonne*. — Ceux qui sont las de la vie dans les villes reviennent à leurs villages. — Les cultivateurs ambitieux *désertent* la campagne pour venir s'installer en ville.

Conversation

Que trouvez-vous dans un village? — N'a-t-on pas tort d'abandonner son village pour aller s'établir en ville ? Pourquoi ?

75 — Le village
Mots à étudier

La *commune*, — Les *habitants*, — Les *inscrits*, — Les *contribuables*, — Les *propriétés*, — Les *maisons*, — Les *biens communaux* — Les *propriétés communales*, — Les *routes communales*, — Le *maire*, — L'*adjoint au maire*, — Les *notables*, — L'*impôt*, — Le *rôle des impôts*.

Exercice préalable

Mon oncle habite la (*com*.....) de... Ma commune possède 300 mâu de (*riz*....) et compte environ 500 (*hab*.....). Ceux qui possèdent des terres doivent payer l'(*impôt fonc*...). Les hommes valides doivent payer leur (*impôt pers*....). Les (*contr*......) sont de deux classes : les non-inscrits et les inscrits.

Chaque habitant a ses (*prop*....) et ses (*biens pri*..). Presque tous ont une ou plusieurs (*mais*...) qu'ils peuvent léguer à leurs enfants.

Les villages ont des (*biens com*......): ils possèdent parfois des terrains. des bois. des étangs qu'ils peuvent louer ou dont ils recueillent les produits. Les pagodes, les temples, les maisons communes sont des (*propriétés com*......).

Les affaires du village sont dirigées par un (*mai*..). Celui-ci est aidé par un (*adj*....) et un certain nombre de *notables*.

Lecture et Dicté:. — On dit une *commune* ou un village. — Les *habitants* de chaque commune sont tenus de payer à l'Etat l'*impôt personnel* et l'*impôt foncier* (l'impôt des terres). — Ceux qui payent l'impôt personnel sont des *inscrits*. — Leurs noms ont été inscrits dans le *rôle des impôts*. — Les terres et les maisons que possèdent les habitants du village sont leurs *propriétés*. — Dans un village, on voit un grand nombre de *maisons*. — Parmi ces maisons, on trouve une ou deux *maisons communes*, une *maison d'école*, et une *mairie*. — Tous les villages ont des *biens communaux* et des *biens privés* (biens qui appartiennent aux particuliers) — Les communes ont des *routes* à entretenir. — Ces routes sont appelées *routes communales*. — Chaque commune est administrée par un *maire*. — Le maire est secondé (aidé) par un *adjoint au maire*. — Des *notables* sont des anciens maires et adjoints. — Un certain nombre de notables forme un *conseil* dit *conseil des notables*. — Tous les maires sont *assistés* d'un conseil de notables.

Conversation

Pouvoir et responsabilité d'un maire. Rôle du conseil des notables. — Répartition des impôts aux contribuables.

76 — Le village *(suite)*
Mots à étudier

Les *bouddhistes*, — Les *pagodes* (les bonzes), — Le *clocher*,
— Les *temples*, — La *maison commune*, — Les *idoles*, — Le *génie
tutélaire*, — L'*église*, (les catholiques), — Le *cimetières*, (les tombeaux), — Le *marché*, — Les *banians* — Les *arbres séculaires*,
— *Adorer*, — *Croire*.

Exercice préalable

Les Annamites sont presque tous des (*bou*........), aussi dans tous les villages on trouve une ou plusieurs (*pa*.....). Dans chaque pagode, on voit un grand nombre d'(*i*.....). Les pagodes sont habitées par des (*bo*....) ou des (*bo*......). — Chaque village a un (*génie t*.......). On adore ce génie dans un (*te*....). Les pagodes et les temples sont souvent précédés d'un (*cl*.....). — Pour discuter les affaires du village le maire et les notables se réunissent en conseil dans la (*maison*........) — Dans certains villages il y a des habitants qui suivent la (*religion*...........). Ils ont élevé une petite (*ég*.......) et y viennent faire des prières matin et soir. — Des terrains ont été réservés pour l'enterrement des morts : ce sont des (*ci*........). — Dans les villages importants, on trouve un (*ma*....) avec des halles en paillottes. — Les Annamites plantent souvent des (*ba*......) près des temples ou des pagodes. Certains banians ont plus de cent ans : on les appelle alors (*arbres*..........).

Lecture et Dictée

Lecture et Dictée — Chaque village possède au moins une *pagode* dans laquelle on *adore* un grand nombre d'*idoles*. — Les *bonzes* et les *bonzesses* habitent dans les pagodes. — Nous trouvons encore dans chaque village un *temple* dans lequel on adore le *génie tutélaire* du village. — Chaque temple est entretenu par un *gardien du temple*. — S'il y a des catholiques, le village aura une *église*. — On enterre les morts dans les *cimetières*. — Au cimetière on voit des *tombes* ou *tombeaux*. — Tous les deux ou trois villages, il y a un *marché* où l'on vend toutes sortes de denrées et de produits agricoles. — Beaucoup de villages ont de *très grands arbres séculaires*. — Dans notre village, presque tous les habitants nous *connaissent* ou *connaissent* nos parents. Aussi c'est toujours pour nous un plaisir de revenir dans notre village après une longue absence.

Conversation

Décrivez une pagode que vous avez vue. Son emplacement — ses bâtiments — son importance.

77 — Les divisions administratives

Mots à étudier

Le *village*, — Le *canton*, — La *préfecture*, — L'*arrondisse-ment*, — La *province*, — Le *chef-lieu de la province*, — Le *maire*, — Le *chef de canton*, — Le *préfet*, — Le *sous-préfet*, — Le *Gouverneur de province*, — Le *juge criminel ou Án-sát*, — Le *Résident de France*, — Le *percepteur*.

Exercice préalable

Le village est la plus petite (*div*.....) du pays. Les villages se grou-pent en (*can*....). Les cantons sont administrés par un (*chef de*......) aidé par un (*sous-chef de*.......). Plusieurs cantons forment un huyện ou (*arr*..........). Un tri-huyên ou (*sous-p*.....) est à la tête de chaque arrondissement. Chez nous autrefois, les huyện dépendaient administrativement des (*pré*.......) ou phủ. Les (*pr*....) représentent l'Etat dans l'exécution des affaires de leur préfecture

Chaque (*pr*....) comprend un certain nombre de phủ et de huyện. Les mandarins et les fonctionnaires européens résident au (*chef-l*...) de chaque province. — Les tri-phủ et les tri-huyện présentent leurs rap-ports au (*gouverneur de*........). La justice est rendue au tribunal in-digène par un Án-sát ou (*juge*..........).

Lecture et Dictée. — Etudions les *divisions administratives* de notre pays. Un groupement de maisons plus ou moins nombreux forme un *village*. — Plusieurs villages forment un *canton*; plusieurs cantons forment une *sous-préfecture* (huyện) et quelquefois une *préfecture* (phủ). Un certain nombre de préfectures et de sous-préfectures forment une *province*. — Le Tonkin est divisé en 26 *provinces* — Chaque province a son *chef-lieu* où résident des fonctionnaires européens et indigènes — A la tête de l'Administration indigène est placé le *gouverneur de province* ou Tổng-Đốc, aidé par un *juge criminel* ou Án-Sát. — Le canton est administré par le *chef de canton* secondé par le *sous-chef de canton*. — Le *préfet* est à la tête de sa préfecture. — Les *sous-préfets* dirigent les affaires de leurs arrondissements. — L'Administration fran-çaise est représentée par un *Résident de France*, aidé par un *Résident-adjoint*, un *commis* et un *percepteur*.

Conversation

Formation et administration d'un village, d'un canton, d'une sous-préfecture, d'une province. Quels fonctionnaires résident au chef-lieu de chaque province ?

78. — La verdure de la campagne
Mots à étudier

Un *plant*, — Un *semis*, — Une *bouture*, — La *racine*, — La *tige*, — Le *tronc*, — Les *feuilles*, — Les *branches*, — La *végétation*, — Les *plantes sauvages*, — Les *plantes cultivées*, — Les *plantes aquatiques*, — La *floraison*, — Le *verger*, — Le *parc*, — Le *potager*, — Le *parterre*, — *Luxuriant*, — *Verdoyant*.

Exercice préalable

L'homme cultive les (*vég*.....) comme il élève les animaux. Pour avoir un (*pl*....) on doit en semer la graine dans le sol ; on fait ainsi un (*se*....). Le nouveau végétal qu'on obtient en plantant une branche dans le sol s'appelle une (*bou*.....). — Chaque végétal a des (*rac*....), un (*tr*....), des (*bra*....) et des (*feu*....). — Il y a des plantes qui poussent toutes seules dans les champs, dans les haies : Ce sont des (*plantes sa*......). D'autres demandent les soins de l'homme pour s'accroître : Ce sont des (*plantes cult*......). Les plantes qui vivent dans l'eau sont des (*plantes aqu*......). Au printemps les végétaux sont couverts de bourgeons et de fleurs : C'est l'époque de la (*flor*....). — Dans les (*ver*....) et dans les (*pa*....), les arbres sont chargés de fruits. On cultive les légumes dans les (*pot*.....). Les plantes d'ornement poussent dans les (*par*.....). — Dans les pays chauds et humides la végétation est (*lux*.....). C'est pour moi un réel plaisir d'aller me promener dans les endroits frais et (*verd*.....) de la campagne.

Lecture et Dictée. — Beaucoup de citadins se plaisent à chercher de la *verdure* à la campagne. — A la campagne la *végétation* est *luxuriante*. — On y trouve beaucoup d'espèces d'arbres et de *plantes* — Une jeune plante est un *plant*. — Si on sème des graines, on fait un *semis*. Si on plante une branche dans le sol pour lui faire prendre racine, on aura une *bouture* — Un arbre présente trois régions bien distinctes: la *racine*, la *tige*, les *branches* et les *feuilles* — Presque tous les végétaux *fleurissent* au printemps. — Beaucoup d'arbres sont *chargés de fruits* après la *floraison*. — Un *verger* est un jardin où l'on plante des arbres fruitiers: orangers, pêchers, poiriers, etc... — Les jardins où l'on cultive les légumes prennent le nom de *jardins potagers* — Un *parterre* est un espace de terre où l'on cultive des plantes d'ornement.

Conversation

Aspect de la campagne au printemps, en été, à l'automne et en hiver.

79. — La ville

Mots à étudier

Les *rues*, — Les *trottoirs*, — Les *magasins*, — Les *ruelles*, — Les *quartiers*, — Les *avenues*, — Les *boulevards*, — Les *promenades* — Les *places publiques*, — Les *statues*, — Les *réverbères*, — *Eclairer*, — *Circuler*, — *Faire la police*, — *Assurer la sécurité*, — *populeux*.

Exercice prealable

Un très grand nombre de maisons forment une (*vi...*). On y voit beaucoup de (*r...*) et de (*bou......*). Les voitures circulent sur la (*ch......*). Les piétons marchent sur les (*tr......*). Dans les villes commerçantes, les rues sont bordées de grands (*ma......*). — On trouve des maisons même dans les (*ru....*) et les (*qu......*). Les (*av......*) les (*pr........*) sont bordées de grands arbres. Les (*places p........*). sont ornées de jolis massifs de fleurs. Souvent on élève une (*st....*) de grand homme au milieu de la place. — La nuit, les rues sont éclairées par des (*ré.......*). Dans les grandes villes, on trouve des *becs de.....* des *lampes...........* et des *lampes...........* — Les *commissaires* et les *agents de police* sont chargés de veiller à la (*sécurité........*). Ils (*font la......*) même aux jours de fêtes. — Les grandes villes sont très (*po........*). Elles comptent parfois des millions d'habitants.

Lecture et Dictée. — Certains d'entre nous habitent la *ville* — Les maisons dans les villes sont groupées en *rues*. — Ainsi, il y a la Rue du Coton, la Rue du Sucre, la Rue du Papier, etc... — Les rues sont bordées de *trottoirs*. — Les piétons marchent sur les trottoirs tandis que les voitures *circulent* dans les rues. — Les *magasins* se trouvent sur les deux côtés de chaque rue. — Une petite rue est une *ruelle*. — Une large rue bordée de grands arbres s'appelle une *avenue* ou un *boulevard*. — Un grand espace de terrain libre est, en ville, une *place publique*. — Les rues sont *éclairées* par des *réverbères*. — Les rues des grandes villes sont éclairées à *l'électricité*. — Les *agents de police* sont chargés de *faire la police* dans toutes les rues pour *assurer la sécurité* des habitants.

Conversation

La ville que vous habitez ou que vous avez visitée. Ses rues — ses boulevards — son commerce — ses industries.

80. — Les monuments publics
Mots à étudier

Les *statues*, — Les *tours*, — L'*église* ou la *cathédrale*, — Le *théâtre* — L'*hôpital*, — La *résidence*, — L'*école*, — La *halle du marché*, — La *caserne*, — Les *fontaines*, — *Installer*, — *Etablir*, — *Eriger*, — *Élever*, — *Superbe*, — *Magnifique*.

Exercice préalable

Voici la ville bruyante. Que de magnifiques (*bât*.....) on y voit ! De superbes (*monuments p*.....) donnent à la ville un air de grandeur et de magnificence. Ici, on voit l'(*ég*....) avec son clocher à double tour ; là on trouve le (*palais de j*.....), la (*ma*....), l'(*hô*....) de la Résidence Supérieure. le (*pal*....) du roi, l'(*hôp*....), la (*cas*....), les (*ha*....) du marché, le (*th*....), les (*to*....) élevées, les (*sta*....) des grands hommes. etc. — Dans plusieurs quartiers on trouve des (*éc*....) publiques. Les (*font*....) donnent à tous les citadins de l'eau potable. Dans les villes capitales, les jeunes gens instruits suivent les cours complémentaires dans les (*col*....) et les (*ly*....). — Les catholiques vont *entendre la messe* à l'(*ég*....). Les malades sont transportés à l'(*hôp*....). Sur les places publiques on élève souvent les (*sta*....) des hommes célèbres. Les (*hal*....) du marché abritent les vendeurs et les acheteurs contre la pluie et le soleil.

Lecture et Dictée. — C'est dans les villes que nous trouvons un grand nombre de *monuments publics*, tels que l'église, l'hôpital, la résidence, la caserne, etc. — Dans les villes capitales comme Hanoi, Paris, on trouve une ou plusieurs *tours* très élevées. Dans bien des villes, on a *érigé* plusieurs *statues* aux hommes célèbres. — L'*église* domine la ville par ses *clochers* souvent très élevés. — Chaque ville a un ou plusieurs *hôpitaux* pour recevoir les malades. — Ordinairement dans les *hôpitaux* les malades sont *soignés* gratuitement. — Une *résidence* se trouve au chef-lieu de chaque province. — A Hanoi, on trouve la *mairie* où réside le *résident-maire*. — L'*école* est souvent très belle dans les villes. — Elle est *ouverte* à tous les jeunes enfants du pays. — L'école doit être *installée* dans un lieu écarté et éloigné de tous les bruits. — Les *casernes* servent à loger les soldats. — On *établit* des *fontaines* dans toutes les rues ; elles donnent à la population de *l'eau potable* en abondance.

Conversation

Monuments publics et habitations superbes qu'on voit dans une grande ville ; ce qu'on fait de chacun d'eux.

81 — Le commerce
Mots à étudier

Un *magasin*, — Une *boutique*, — Un *dépôt*, — Un *étalage*,— Un *marchand*, — Un *négociant*, — Un *débitant*, — Un *client*, — Une *commande*, — Une *facture*, — Un *bénéfice*, — Un *capital*.

Exercice préalable

On vend les marchandises dans des (*mag*....) et dans des (*bou*....) On les dépose dans un (*dép*....) avant de les vendre. On expose les marchandises sur des (*éta*....). Celui qui fait du commerce est un (*marc*....), un (*nég*....) ou un (*com*....). Les (*déb*....) vendent au détail des marchandises, de l'acool ou des liqueurs. Celui qui achète habituellement nos marchandises est notre (*cli*....). Si nous voulons nous procurer certaines marchandises dans un grand magasin, nous n'avons qu'à en faire la (*com*....). Après avoir payé les marchandises que nous avons achetées, le commerçant nous en remet la (*fac*....) avec ce mot : « Pour acquit ». Pour faire du commerce il faut avoir un (*cap*...). Un gros capital rapporte de gros (*béné*....).

Lecture et Dictée. — Le *commerce* se fait surtout dans les villes. Nous nous procurons des marchandises dans de grands *magasins* européens ou des *boutiques* chinoises. — Le *dépôt* est un lieu clos où l'on dépose les marchandises avant de les mettre en vente. — Dans le commerce, les marchandises sont vendues *en gros* ou au *détail*. Les *débitants* travaillent le plus souvent pour le compte d'un gros *commerçant* ; ils se chargent de vendre au détail certaines marchandises, de l'alcool ou des liqueurs. Le *négociant* fait le commerce en grand : il doit avoir un gros *capital*. Les *marchands*, qui n'ont qu'un petit fonds se contentent d'acheter et de revendre ensuite ce qu'ils ont acheté. — Tout *commerçant* doit être poli et honnête. S'il ne l'est pas, il n'aura pas de *clients*. — On appelle *commande*, la lettre que nous adressons à un commerçant pour la livraison de certaines marchandises. — Sur une *facture*, les marchandises achetées sont marquées avec leur prix de vente. — Si ses affaires marchent bien, un commerçant aura des *bénéfices* sur ses ventes. Dans le cas contraire, il éprouvera des *pertes*. Celui qui a un grand *capital* dans le commerce peut réaliser annuellement de grands *bénéfices*.

Conversation

Ce qu'on fait dans le commerce. — Qualités d'un bon commerçant. — Ce qu'il doit faire pour avoir de gros bénéfices.

82. — Le marché

Mots à étudier

La *foire*, — Les *denrées*, — Les *vivres*, — *Acheter*, — *Vendre*, — *Racheter*, — *Revendre*, — *Marchander*, — *Commercer*, — *Encombrant*, — *A bon marché*, — *A bon compte*, — *Cher*.

Exercice préalable

On trouve un (*mar…*) dans tous les centres importants. Au jour de grande (*fo…*), le marché est très animé. Des ménagères et des domestiques se rendent au marché pour acheter des (*den…*) alimentaires. On (*ach…*) ce dont on a besoin. Ce que nous avons de trop, nous le (*ven…*). Si on veut reprendre ce qu'on a vendu, on doit le (*rac…*). Les marchands (*reven….*) ce qu'il ont acheté pour réaliser des bénéfices. Discuter le prix d'une marchandise, c'est la (*marc……*). Faire le commerce c'est (*com…..*) Une marchandise est (*encom…..*) si elle occupe un grand espace dans un magasin, dans un bateau ou dans un marché. Quand on connaît la valeur des marchandises, on ne risque pas de les payer trop (*ch…*). Ce qui coûte (*bon m…*) ne vaut rien. Le (*bon m…..*) coûte cher.

Lecture et Dictée. — Le *marché* est un lieu public où l'on vend des denrées et des produits agricoles. — La *foire* est le jour du grand marché. — Nous allons souvent à la *foire* pour acheter des objets divers. — Tout ce qui se vend ou s'achète est une marchandise. — Ce qui se vend pour la nourriture de l'homme est une *denrée*. — La viande, la pomme de terre, le riz, etc, sont appelés des *denrées* ou des *vivres*. — Un objet vendu à un prix relativement peu élevé est *à bon marché*. — Un objet qu'on a acheté à un prix élevé est *cher*. — Certaines marchandises peuvent être vendues *à bon compte*. — On rachète quelquefois ce qu'on a *vendu*. — — Avant de prendre un objet, on doit d'abord en *marchander* le prix. — Dans les villes, les marchandises sont abritées sous une grande halle. Le bureau de l'octroi est à l'entrée du marché.

Conversation

Un marché que vous avez visité — Son emplacement — Son importance — Ce qu'on y vend.

83. — Les véhicules

Mots à étudier

Les *voitures*, — Les *charrettes*, — Les *omnibus*, — Les *tramways*, — Les *automobiles*, — Les *bicyclettes*, — Les *motocyclettes*, — Le *pousse-pousse*, — Le *train* de *chemin* de *fer*, — Le *voyage*, — La *vitesse*, — *Circuler*, — *Aller à* — *Aller en.* — *Se transporter*.

Exercice préalable

L'homme a besoin de (*se transp….*) d'un lieu à un autre. Il a dans sa vie des *voyages* à faire. — Pour les petits voyages ou les promenades, il va en (*voit…*). Pour transporter ses bagages ou ses marchandises, il se sert de (*char…..*) traînées par des bœufs ou des mulets. Dans les grandes villes, les voyageurs payent leur place dans un (*om ..*) ou dans un (*tram…..*). Les (*autom……*) sont réservées aux riches et aux grands fonctionnaires. Les (*bicyc….*) sontdestinées à ceux qui font de petits voyages. Ceux qui veulent aller à (*motoc…..*), doivent savoir aller à bicyclette. Les (*pousse-p…..*) sont traînés par des coolies. Si on veut aller d'une ville à une autre, le moyen le plus commode est de prendre le (*train de che………*). Les automobiles marchent à la (*vit…*) de 60 kilom. à l'heure.

Lecture et Dictée. — On désigne souvent par *véhicule* tout ce qui sert à transporter les personnes ou les marchandises. — Les *voitures* sont des véhicules ayant deux ou quatre roues, et trainés par un ou plusieurs chevaux. — Pour aller en promenade ou pour faire un petit voyage, on peut *aller en* voiture. — L'*omnibus* est une grande voiture publique qui conduit les voyageurs d'un lieu à un autre. — Les *tramways électriques* marchent à l'électricité et traînent souvent à leur suite un ou deux *wagons*. — L'*automobile* est une sorte de voiture dont le mécanisme ou moteur fonctionne au moyen d'essence de pétrole. — La *bicyclette* est un véhicule assez léger et très commode dans les petits voyages. — La *motocyclette* n'est autre chose qu'une bicyclette actionnée par un moteur à essence. — On va *à* bicyclette ou *en* voiture ; on voyage *à* cheval ou *en* chémin de fer.

Conversation

Principaux moyens de locomotion ; Celui que vous préférez à tous les autres.

84. — La gare

Mots à étudier

Le *chemin de fer*, — Les *rails*, — La *salle d'attente*, — La *locomotive*, — Le *guichet*, — Les *wagons*, — Le *train*, — Le *départ*, — L'*arrivée*, — Les *bagages*, — Le *débarcadère*, — Le *canal*, — La *barque*, — La *jonque*, — Le *bateau*, — La *chaloupe*, — *Monter*, — *Descendre*.

Exercice préalable

Pour prendre le chemin de fer, on doit se rendre à la (*ga*..); de même, pour s'embarquer dans un bateau, on doit aller au *déb*.......). — Les voitures de chemin de fer roulent sur deux bandes de fer parallèles appelées (*ra*..). On prend les billets au (*gui*...). On attend le train dans la (*salle d'*......). — La (*loc*.......) traîne à sa suite plusieurs (*wa*....). L'ensemble des wagons traînés par une locomotive est un (*tr*...). A l'(*ar*...) d'un train les voyageurs montent dans les wagons avec leurs (*bag*....) Après le (*dép*...) du train la gare redevient silencieuse. — On fait un voyage par eau en prenant une (*bar*...) ou un (*bateau*). Les (*can*...) et les (*riv*.....) sont des chemins suivis par les (*chal*......) ou les *jonques*. — Le bateau qui (*mo*..) un cours d'eau va plus lentement que celui qui le (*des*...·).

Lecture et Dictée. — Je suis allé plusieurs fois à la *gare*. — Une gare comprend souvent plusieurs *bâtiments* devant lesquels s'arrêtent les *trains de chemin de fer*. — Une longue suite de wagons traînés par une ou deux locomotives s'appelle un *train*. — Quand le train est *en gare*, un grand nombre de voyageurs en *descendent* avec leurs *bagages*. — Les *rails* sont placés bout à bout et sur deux lignes parallèles. — La *locomotive* est une énorme machine qui traîne des wagons. — Les *bateaux* font des *transports par eau*, comme les voitures en font par terre. — Il y a des *bateaux à voiles* et des *bateaux à vapeur*. — Pour relier une région à une autre, on creuse parfois des *canaux*. — De grosses barques montent et descendent le *fil de l'eau* et transportent les marchandises lourdes ou encombrantes.

Conversation

Le passage d'un train de chemin de fer : locomotive, wagons, voyageurs, marchandises, sifflets d'alarme.

85. — Les postes et télégraphes
Mots à étudier

Les *lettres* ou *correspondances*, — L'*enveloppe*, — L'*adresse*, — Le *timbre*, — La *dépêche*, — Les *lettres affranchies*, — Le *télégrammes*, — Les *boîtes aux lettres*, — Le *colis postal*, — Le *facteur*, — Le *fil télégraphique*, — *Communiquer*, — *Télégraphier*, — *Expédier*, — *Envoyer*.

Exercice préalable

Les (*postes et télég......*) se chargent de tous les envois et de toutes les expéditions. — Si nous envoyons une lettre à quelqu'un, nous voulons que celle-ci soit (*fer....*). Pour cela nous la mettons sous une (*envel....*). Mais la poste ne transporte pas nos lettres pour rien : nous devons payer une taxe représentée par un (*tim...*) de 10 centimes ou deux (*tim...*) de 5 centimes. Nous envoyons donc nos lettres (*affr....*) chacune d'un timbre de 10 centimes. — Pour qu'une lettre arrive à destination, nous mettons sur l'enveloppe l'(*adr....*) du destinataire. — Les nouvelles urgentes ou (*télég......*) sont envoyées par le télégraphe. Les paquets sont expédiés en un ou plusieurs (*colis-pos....*). Celui qui est chargé de distribuer les lettres est un (*fact....*). Les (*fils télég....*) servent à transmettre les dépêches d'un bureau de poste à un autre bureau éloigné. — Si je veux vous communiquer mes nouvelles en très peu de temps, je vous (*télép.....*).

Lecture et Dictée. — Bien souvent je suis allé à la *poste* pour prendre des colis postaux ou pour les *expédier*. — C'est aux *postes et télégraphes* qu'arrivent les *correspondances* et les *dépêches*. — Les *lettres* qui arrivent sont *distribuées* au fur et à mesure par les *facteurs*. — Il y a des lettres ordinaires, des lettres chargées et des lettres recommandées. — Avant d'expédier mes *correspondances*, j'écris d'abord la lettre que je plierai pour la mettre dans une *enveloppe*. — Je collerai l'enveloppe et je mettrai dessus l'*adresse* de la personne à qui je veux écrire. J'affranchis l'enveloppe avec un *timbre postal* de 10 centimes. Ainsi fait, je glisserai la lettre dans une *boîte aux lettes*. — Les *dépêches* ou *télégrammes* sont des nouvelles envoyées par le *télégraphe*. — De chaque bureau de poste partent des *fils télégraphiques* qui le relient à d'autres bureaux éloignés. —

Conversation

Travail d'un employé de poste, d'un facteur ; nécessité du service postal.

86. — Les métiers
Mots à étudier

Un *apprenti*, — Les *outils*, — L'*apprentissage*, — Un *compagnon*, — Un *ouvrier*, — Un *patron*, — Un *contre-maître*, — Le *directeur*, — Habile, — Inhabile, — Adroit, — Maladroit, — Employer, — Refuser, — Rechercher, — Payer, — Retenir, — Réclamer, — Surveiller.

Exercice préalable

A votre âge, on apprend des leçons, mais plus tard, pour gagner votre vie, vous apprendrez un (*mét*.....). Les (*app*.....) sont guidés dans leur travail par d'autres ouvriers plus habiles. On dit qu'ils font leur (*appr*.....). Tous les ouvriers ont leurs (*comp*.....) de travail. Les voyageurs ont leurs (*comp*.....) de route. Les (*ouv*.....) reçoivent leur (*sal*....) au bout de la journée ou de la semaine. Ils travaillent sous les ordres de leur (*pat*....). Quelquefois des (*contre-m*....) sont auprès d'eux pour les (*surv*.....). — Les usines et les manufactures sont dirigées par un (*direct*...). — Les ouvriers qui commencent à peine leur métier sont encore (*inh*.....). S'ils essayent de faire chaque jour leur besogne un mieux que la veille, ils ne tarderont pas à devenir (*hab*...) dans leur métier. — Les bons ouvriers sont mieux (*pa*...) que les autres. Partout, on (*ref*....) les mauvais ouvriers et on en (*rech*....) les bons.

Lecture et Dictée. — Chacun de nous doit connaître un métier. — Quand on commence à apprendre un métier, on est *apprenti*. — L'*apprentissage* dure un certain temps. — Celui qui travaille avec nous dans la même usine ou dans le même atelier est notre *compagnon de travail*. — Un *ouvrier* doit connaître parfaitement son métier. — Il travaille sous la direction de son *patron*. — Il sera surveillé par un *contre-maître* qui représente le patron. — Un ouvrier qui fait bien tout ce qu'il fait est *habile* ou *adroit*. — Celui qui fait mal ce qu'il fait est *maladroit* ou *inhabile*. — Le patron *emploie* autant d'ouvriers qu'il lui en faut. — Quand un ouvrier a travaillé, le patron doit lui *payer* son salaire. — Dans certain cas, le patron peut *retenir* une partie du salaire d'un ouvrier et l'oblige ainsi à continuer son travail.

Conversation

Qualités qu'on trouve chez les bons ouvriers. — Devoirs réciproques des ouvriers et du patron.

87. — **Les métiers** (suite)
Mots à étudier

Le *maçon*, — Le *menuisier*, — Le *charpentier*, — Le *forge-ron*, — Le *tailleur*, — Le *brodeur*, — Le *cordonnier*, — Le *tisserand*, — Le *laqueur*, — L'*horloger*, — Le *bijoutier*, — Le *chapelier*, — Le *batelier*, — Le *boulanger*, — Le *boucher*, — *Utile*, — *nuisible*, — *Exercer*, — *Abandonner*, — *Préférer*.

Exercice préalable

Nul ne peut (*se pa...*) des autres hommes. Chaque jour une foule d'ouvriers (*trav......*) autour de nous. (Le *ma...*) le (*char'.....*) travaillent à la construction de nos maisons Le (*forg...*) se noircit dans la fumée de sa forge. Le (*tail....*) et le (*brod...*) se courbent tous les jours sur leur ouvrage. Le (*cord .....*) fournit au monde des sandales et des souliers. — Sans le (*tis......*), nous n'aurions pas de linge pour nos vêtements. Sans le (*chap....*), qui nous fabriquerait des coiffures? Nous avons besoin du (*bou....*) et du (*boul.....*) pour avoir du pain et de la viande. — Le (*bat....*) reste toute la journée sur sa barque Le (*bij.....*) travaille pour les riches. L'(*hori....*) se fatigue les yeux pour réparer nos horloges et nos montres La liste serait longue de ceux qui travaillent péniblement pour notre nourriture, pour nos vêtements et pour notre bonheur sur la terre.

Lecture et Dictée. — Si nous regardons autour de nous, nous verrons que tout le monde *travaille*. — Le *maçon* construit les murs de notre maison. - Le *menuisier* nous fait des meubles. — Le *charpentier* pose la charpente de la maison. -- Le *forgeron* travaille le fer et nous fournit des couteaux, des ciseaux, des socs de charrues, des clous, etc..... — Le *tailleur* confectionne des vêtements civils et militaires. — Le *brodeur* fait des broderies. — Le *cordonnier* fait des souliers. — L'*horloger* répare les montres et les horloges. — Le *bijoutier* fabrique des bijoux d'or et d'argent, tels que les bagues, les bracelets, les boutons, etc. — Le *batelier* conduit un bâteau ou une barque. — Le *boulanger* fait et vend le pain. — Le *boucher* vend de la viande. — Le *pâtissier* fait des gâteaux. — Tous ceux dont nous avons parlé *exercent* chacun un métier. — Ils peuvent *abandonner* le métier qui ne convient pas à leur santé ou à leur fortune.

Conversation

Dites ce que fait chacun des ouvriers ci-dessus énumérés.

88. — Les professions
Mots à étudier

L'*Ingénieur*, — Le *savant*, — Le *poète*, — Le *philosophe*, L'*écrivain*, — Le *professeur*, — Le *fonctionnaire*, — Le *ministre*, — L'*ambassadeur*, — L'*inspecteur*, — Le *gouverneur*, Le *directeur*, — L'*instituteur*, — L'*interprète*, — Le *juge*, — L'*avocat*, — Les *carrières*, — *Intellectuel*, — *Manuel*.

Exercice préalable

Nous avons parlé de ceux qui se livrent à des travaux (*man* ...). Voyons maintenant les travailleurs (*intel* ......). Dans les Chemins de fer, dans les Travaux Publics, on trouve des (*ing* ......). Il y a des hommes très versés dans les sciences ou dans les langues étrangères : ce sont des (*sav* ....). Les (*poè* ..) ont le talent de composer de très belles poésies. Les (*phil* ......) ont des vues et des sentiments très profonds. Les (*écri* ....) inondent les librairies de leurs ouvrages littéraires. Les (*prof* ......) travaillent aux collèges ou aux lycées. Les (*direc* ....) sont chargés de la direction des écoles. Ils ont sous leurs ordres des (*inst* ......) et des (*moni* .....). Ceux qui travaillent dans l'Administration sont des (*fonc* ....). Il y a de très hauts fonctionnaires comme les (*mini* ....), les (*ambas* ......), les (*insp* ......) etc. Les (*ju* ..) exercent leurs fonctions judicaires. Les (*avo* ...) soutiennent la cause des personnes accusées. — La (*car* ....) des médecins est beaucoup plus honorable et plus lucrative que celle des professeurs et des instituteurs.

Lecture et Dictée. — Il y a des gens qui sont très *instruits* et très *forts* en toutes matières. — L'*ingénieur* invente les machines, trace et dirige les travaux d'industries. — Le *savant* travaille en science, en histoire ou en langues vivantes. — Le *philosophe* s'occupe d'une science très élevée, la *philosophie*. — Le *poète* compose des vers. — L'*écrivain* fait des ouvrages littéraires. — Le *professeur* enseigne dans les lycées ou dans les collèges. — Le *ministre*, le *gouverneur général* sont de très hauts fonctionnaires. — Le *juge* est chargé de rendre la justice aux plaideurs. — L'*avocat* plaide pour le compte d'une personne accusée. — L'*instituteur* est chargé de *former* et de *développer* l'esprit des enfants. — L'*interprète* se destine à tous les bureaux de l'administration.

Conversation

Parlez du travail de l'ingénieur, du savant, du philosophe, du ministre, du juge, etc...

89. — Les industries

Mots à étudier

La *manufacture*, — L'*usine*, — La *filature*, — La *fabrique*, — La *vapeur*, — L'*électricité*, — La *machine*, — Le *métier*, — La *force motrice*, — L'*atelier*, — Le *chantier*, — L'*outillage*, — L'*éclairage*, — Les *matières premières*, — Les *produits manufacturés*, — *Fonctionner*, — *Travailler*.

Exercice préalable

A Hanoi comme dans toutes les villes du Tonkin les grandes (*ind...*) sont entre les mains des Européens et des Chinois. La (*filat......*) de coton de Hanoi et celle de Nam-dinh employent des milliers de travailleurs. Seule, à Thai-binh une (*filat...*) de soie est dirigée par les Annamites. La briqueterie et la tuilerie de Hanoi forment une importante (*us....*). Des (*fab....*) d'allumettes existent à Vinh et à Hanoi. Les (*mac....*) décuplent la force de l'homme. La (*vap....*) d'eau fait tourner les (*ro....*) et voilà que la machine (*fonct....*). Les machines peuvent produire de l'(*élect...*). L'électricité est utilisée dans (l'*écl...*). Elle a, comme la vapeur d'eau, une (*force mot......*), capable de faire fonctionner les machines. Les (*matières pre......*) telles que l'argile, le bois, les minerais sont travaillées par les machines, qui nous donnent des tuiles, des allumettes, des roues des outils, etc.

Lecture et Dictée. — Il y a des *industries alimentaires*, des *industries textiles* et des *industries mécaniques*. — Les premières travaillent à la *préparation des produits alimentaires*, les deuxièmes au *tissage des étoffes* et les dernières à la *fabrication des machines*. — Dans les *manufactures* d'aujourd'hui les objets sont fabriqués à la machine. — Dans les *filatures*, les matières textiles sont travaillées à la machine (filatures de coton, de soie...) — L'établissement où l'on fabrique des objets destinés au commerce est une *fabrique* (fabrique d'allumettes à Hanoi). — Le tissage des étoffes peut se faire à l'aide d'un *métier à tisser*. — C'est la *vapeur* ou l'*électricité* qui fait fonctionner les machines. — Les manufactures et les filatures *travaillent* les *matières premières* (peau, soie, minerais), et les transforment en *produits manufacturés*. — Les industries modernes disposent d'un *outillage*, très perfectionné.

Conversation

Citez quelques grandes usines que vous connaissez. Travail qui se fait dans chacune d'elles.

64 — L'univers. — Le ciel
Mots à étudier

Les *astres*, — Les *étoiles*, — Le *soleil*, — La *lune*, — Les *phases de la lune*, — Les *planète*, — Les *comète*, — La *queue*, Les *étoiles filantes*, — Le *lever du soleil*, — Le *coucher du soleil* — L'*éclipse de soleil*, — L'*éclipse de lune*, — *voie lactée*, — *Briller*, — L'*horizon*, — *Scintiller*,

Exercice préalable

La nuit, si nous regardons le (*ciel*) nous voyons d'innombrables (*éto...*) Si la (*lu...*) brille, les étoiles ne se voient pas beaucoup. Le jour nous sommes éclairés par le (*sol...*) La (*lu...*) et la (*ter...*) tournent autour du soleil : ce sont des (*pla....*). Les étoiles et le soleil sont des (*ast...*) lumineux. La nouvelle lune, le premier quartier, la pleine lune et le dernier quartier sont les 4 (*pha...*) de la lune. Les (*com...*) sont des astres errants, accompagnés d'une traînée lumineuse. — Les (*étoiles fil.....*) sont nombreuses surtout en Août et en Nombre. — Lorsqu'il y a (*éclipse d......*), ce dernier semble disparaître totalement ou partiellement. L'(*éclipse d......*) est plus fréquente que celle de soleil. La bande lumineuse qui semble partager le ciel par une nuit sans lune est connue sous le nom de (*voie lac....*).

Lecture et Dictée. — Le monde entier, la terre que nous habitons, c'est *l'univers* — Pendant le jour, le *soleil* brille dans le ciel. — La nuit, nous sommes éclairés par la lumière pâle de la *lune*. — Les *étoiles* nous apparaissent pendant la nuit comme des points lumineux. — La *lune* se présente à nous sous quatre *phases* différentes : la *nouvelle lune*, le *premier quartier*, la *pleine lune* et le *dernier quartier*. — Les *comètes* sont des étoiles qui filent dans le ciel et qui laissent voir derrière elles une bande lumineuse appelée *queue*. — Quand le soleil est caché dans l'ombre projetés par la l'une, on dit qu'il y a *éclipse de soleil*. — Si la lune est dans l'ombre projetée par la terre, il y aura *éclipse de lune*. — Les *étoiles scintillent* dans le ciel pendant les nuits sans lune. — Quand la nuit est sereine, la *voie lactée* partage le ciel, et de temps en temps les *étoiles filantes* sillonnent la *voûte céleste*.

Conversation

Aspect du ciel étoilé. – Phases de la lune — Ce que vous avez remarqué quand il y a Eclipse de soleil ou de lune.

91. — La terre

Mots à étudier

Les *plaines*, — Les *montagnes*, — Les *plateaux*, — Les *déserts*, — La *haute région*, — Le *delta*, — Les *fleuves*, — Le *confluent*, — L'*affluent*, — L'*embouchure*, — Les *alluvions*, — *Fertile*, — *Peuplée*, — *Inhabitable*, — *Cultivable*, — *Stérile*, — *Brûlant*, — *Inaccessible*, — *Navigable*, — *Arroser*.

Exercice préalable

L'écorce terrestre ne présente pas une surface unie. Ici ce sont des (*chaînes de m*........). des (*plat*....) et des (*dés*...). Là c'est une immense étendue de (*pla*...), arrosée par de nombreux (*fle*....) et (*riv*....). Les montagnes couvertes de broussailles sont (*inac*.......). Les déserts sont (*brû*....) et (*ster*...).— L'endroit où deux cours d'eau se réunissent s'appelle un (*con*.....). Une rivière qui se jette dans un fleuve est un (*af*.....) de ce fleuve. Les fleuves se perdent dans la mer par une ou plusieurs (*emb*........). Les eaux des certains fleuves sont chargés d'(*allu*.....). Le dépôt de ces alluvions à l'embouchure des fleuves forme des (*del*..) qui gagnent continuellement sur la mer. — Autant les déserts et les hauts plateaux sont (*stér*...) et (*inhab*.....), autant les régions de plaines sont (*fert*...) et (*peup*...).

Lecture et Dictée. — Si nous regardons sur la *terre*, nous voyons que sa surface n'est pas du tout plane — Il y a des régions de *montagnes* et de *plateaux*, et des régions de plaines. — Les régions montageuses ont appelées les *hautes régions*. — Les *plaines* sont souvent formées par les deltas des grands fleuves. — Les eaux des *fleuves* sont chargées de grains de sable et de terre. — Ceux-ci se déposent à l'embouchure des fleuves sous forme d'*alluvions*. — Les plaines sont toujours *fertiles*. — Un *plateau* est une plaine élevée et accidentée. — Quelques plateaux sont absolument *stériles*. — Une immense étendue de terre couverte de sable brûlant et stérile, est un *désert*. — Une *montagne* est une grande masse de terre beaucoup plus élevée que les régions environnantes. — Dans les pays chauds, les montagnes sont couvertes de forêts et sont, par conséquent, *inaccessibles*.

Conversation

Forme, mouvements de la terre. — Aspect des différentes régions du globe.

92 — La mer
Mots à étudier

L'océan, — La *marée*, — Le *flux*, — Le *reflux*, — Les *vagues*, — Les *côtes*, — Le *littoral*, — La *plage*, — La *falaise*, — Les *ports* — Les *câbles sous-marins*, — Pleine, — Basse, — Etale, — Forte, — A peine sensible, — Sablonneux, — Rocheux, — Agité, — Orageux.

Exercice préalable

Les (*m...*) et les (*oc...*) couvrent les trois quarts de la surface du globe. Sur le bord de la mer on observe la (*m....*) montante et la (*m....*) descendante. Le (*fl..*) et le (*re...*) se succèdent dans un intervalle de 12 heures. Le bord de la mer s'appelle (*cô..*), (*lit....*) ou (*riv...*). La côte (*sabl.......*) et (*pl...*) est une (*pl...*). La côte (*roc....*) et (*esc....*) reçoit le nom de (*fal....*). Quand il y a du vent, la mer est sillonnée de grosses (*vag...*), on dit que la mer est (*ag...*) ou qu'elle est (*orag....*)

Les (*po..*) ont été établis le long des côtes. Les (*ports de c..:.....*) sont destinés à recevoir des vaisseaux et à les abriter. Les (*ports m. .*) ne reçoivent que des vaisseaux de guerre. Les pays séparés par la mer sont reliés télégraphiquement par les (*câbles sous-m......*). La plage émerge quand la mer est (*ba..*). La plage est couverte d'eau quand la mer est (*pl...*) ou (*ét....*).

Lecture et Dictée. — La *mer* est une grande étendue d'eau salée qui couvre les trois quarts de la surface du globe. — La *marée* est le mouvement des eaux de mer qui montent et qui descendent. — Certaines mers ont une *forte* marée. — D'autres ont une marée à peine *sensible*. — L'eau de la mer monte pendant six heures : c'est le *flux* ; pendant six heures encore, l'eau descend : c'est le *reflux* (l'eau qui se retire). — Quand l'eau monte suffisamment, on dit que la mer est *pleine* ou *étale*. — Quand l'eau se retire le plus loin possible du rivage, on dit que la mer est *basse*. — Les *vagues* sont les grandes ondulations qui se produisent à la surface de la mer. — Les *ports* sont en général de petites baies que le travail des hommes a améliorées pour les rendre accessibles aux grands vaisseaux. — Il y a des *ports de commerce* et des *ports militaires*. Des *câbles sous-marins* relient entre eux les deux grands continents du globe.

Conversation

Utilité de la mer. — Rôle de la mer dans la civilisation du globe.

Pensées, maximes et proverbes

(Pouvant servir comme textes d'Écriture)

1 — L'Instruction est la première des richesses.

2 — Aller à l'école, c'est obéir à la patrie.

3 — Qui ne fait rien n'est pas loin de mal faire.

4 — Faire honnêtement un travail qui vous plaît, c'est le bonheur, tout simplement.

5 — Travaillez et vous avez la conscience satisfaite.

6 — C'est lorsqu'on a le plus à faire qu'on n'est capable de beaucoup faire. — Une vie oisive est une mort anticipée.

7 — L'oisiveté rouille le corps et l'esprit.

8 — Qui trop embrasse, mal étreint.

9 — Rien ne sert de courir, il faut partir à point.

10 — Qui a vingt ans ne sait, à trente ne peut, à quarante n'a, jamais ne saura, ne pourra, n'aura.

11 — Le temps, c'est de l'argent. — Le temps perdu ne se retrouve jamais.

12 — Chaque âge a ses défauts ; les jeunes gens sont fougueux et insatiables dans leurs plaisirs ; les vieux sont incorrigibles dans leur avarice.

13 — En toute chose il faut considérer la fin.

14 — Goutte à goutte l'eau use la pierre.

15 — Petit à petit, l'oiseau fait son nid.

16 — Tout ce qui brille n'est pas l'or.

17 — Se moquer des autres, c'est avoir mauvais cœur.

18 — Ne remettez jamais au lendemain ce que vous pouvez faire le jour même.

19 — Demain veut dire jamais. — L'avenir n'est à personne.

20 — Le travail du corps délivre les peines de l'esprit.

21 — Il n'y a point de richesse plus grande que celle de la santé.

22 — Il n'y a pire sourd que celui qui ne veut pas entendre.

23 — Pensez tout ce que vous dites, mais ne dites pas tout ce que vous pensez.

24 — Les grands mangeurs et les grands dormeurs sont incapables de rien faire de grand.

25 — Aux grands maux, grands remèdes.

26 — Deux choses ne s'apprécient bien que quand on ne les a plus : la jeunesse et la santé.

27 — Mauvais ouvrier, mauvais outil. — Tant vaut l'homme, tant
  vaut la terre.

28 — Rien ne peut remplacer l'amour d'un père et d'une mère. —
  Un père et une mère sont nos premiers amis.

29 — Travaillez pour vous rendre utiles ; rendez-vous utiles pour
  être aimés. — Bonté passe beauté.

30 — On connaît un arbre à son fruit. — A l'œuvre on connaît
  l'artisan.

31 — Je fuis les chagrins de la ville.
  Et contre eux la campagne est mon unique asile.

32 — Otez ses petits à une bête, ses cris vous prouveront qu'elle
  a un cœur.

33 — Pour conseiller les autres, il faut être soi-même sans reproche.

34 — Chose commencée est à moitié faite.

35 — Faute avouée est à moitié pardonnée.

36 — Faites aux autres ce que vous voudriez qu'on vous fît à vous-
  même.

37 — Gloire au travail ! Gloire à l'homme champêtre ! Gloire à ceux
  qui féconde le sol !

38 — Combien en a-t-on vus,
  Qui du matin au soir sont pauvres devenus ?

39 — Contente-toi de ce que tu possèdes.

40 — Souvent la perfidie
  Retourne à son auteur.

41 — Petit poisson deviendra grand.

42 — Les mains noires font manger le pain blanc.

43 — Voir et écouter les méchants c'est déjà un commencement de
  méchanceté.

44 — Heureux l'homme des champs, s'il connaît son bonheur.

45 — Aux voix qui vous diront la ville et ses merveilles, n'ouvrez
  pas votre cœur, paysans, mes amis !

46 — Souvenez-vous que dans la vie,
  Sans un peu de travail, on n'a point de plaisir.

47 — Celui qui remet toujours ses affaires à demain court grand
  risque de n'en terminer aucune. — Où il y a une volonté,
  il y a un chemin.

48 — Mourir pour la patrie, c'est le sort le plus beau, le plus digne
  d'envie.

49 — Le soldat, c'est l'enfant de la Patrie, armé pour défendre sa mère.

50 — A tous les cœurs bien nés que la patrie est chère !

TABLE DES MATIÈRES

La maison...................... 63
La maison (suite)............. 64
Intérieur d'une maison........ 65
La maison (suite)............. 66
Les habitations humaines...... 67
L'ameublement................. 68
Nécessité d'avoir un logement.. 69
La famille.................... 70
Les autres membres de la famille 71
La famille (suite)............ 72
Bienfaits des parents......... 73
La vie en famille............. 74
Les fêtes..................... 75
Les fêtes (suite)............. 76
Les fêtes françaises.......... 77
Les deuils.................... 78
La vie rurale................. 79
Les animaux domestiques....... 80
Les oiseaux de basse-cour..... 81
Les travaux de la campagne... 82
La campagne................... 83

Le village.................... 84
Le village (suite)............ 85
Les divisions administratives.. 86
La verdure de la campagne.... 87
La ville...................... 88
Les monuments publics........ 89
Le commerce................... 90
Le marché..................... 91
Les véhicules................. 92
La gare....................... 93
Les postes et télégraphes..... 94
Les métiers................... 95
Les métiers (suite)........... 96
Les professions............... 97
Les industries................ 98
L'univers..................... 99
La terre...................... 100
La mer........................ 101
Maximes, pensées et proverbes. 102
103

Certifié conforme au tirage s'élevant à Deux mille exemplaires dont Cinq cents partie de traite

Hanoï le 5 Avril 1916

www.ingramcontent.com/pod-product-compliance
Lightning Source LLC
LaVergne TN
LVHW022350170726
843503LV00008B/3646